卢卡斯（北京）
文化传媒有限公司 | 绘

热心肠马小律的法律日记

姓名：_____

班级：_____

中国法治出版社
CHINA LEGAL PUBLISHING HOUSE

# 目 录

1. 妈妈来家长课堂了！/ 009
2. 生日聚会 / 014
3. 日记风波 / 019
4. 棍棒底下出孝子？/ 024
5. 家里的新成员 / 029
6. 文明养犬 / 034
7. 可怜的小多 / 039
8. 植树节 / 044
9. 垃圾分类活动 / 048
10. 加油！魏同学 / 053
11. 大安全 / 058
12. 小发明家 / 064
13. 电影观后感 / 072
14. 共同的责任 / 079
15. 直播打赏风波 / 083
16. 小月的抚养权 / 090
17. 集卡风波 / 096
18. 骑车不任性 / 102
19. 电动自行车载人事件 / 107
20. 一堂特殊的体育课 / 112
21. 给个码就能赚钱？/ 117
22. 快递陷阱 / 123

期/DATE:___年__月__日

嘿，亲爱的朋友们！

这是我的一本特别的日记本，里面记录的都是我和好朋友们在生活中遇到的和法律有关的小故事。

这些故事可不简单，它们涉及未成年人保护法、民法典、知识产权法等法律中与我们未成年人息息相关的法律知识。

有时候，作业堆得跟小山一样高，压得我喘不过气来。每当这个时候，我就会拿出这本日记本，写上几笔。

写下那些让我开心、难过或者生气的事情，心里一下子就轻松了好多，感觉所有的烦恼都随着笔尖流出去，留在了纸上。写完后，我还能把心里的想法都倒出来，感觉特别好！我希望大家也能像我一样，养成写日记的好习惯。这样我们就能随时记下生活中的点点滴滴，留下成长的足迹。

写日记不仅能帮我们记住那些难忘的瞬间，还能让我们在回顾的时候，发现自己是怎么一步步长大的。说不定，未来的某一天，你也能写出自己的法律小故事，成为法律小达人呢！

笔记/NOTE

日期/DATE:___年__月__日

大家好，我叫马小律
生日：2015年5月27日
属相：羊
就读于北京市东城区某小学
爱好：看法治报道，读经典法律案例
性格：活泼但沉稳，乐于助人，喜欢结交朋友

这是我的妈妈
生日：5月24日
她是一名法官，同时也是我的军师
爱好：读书，唱歌
性格：温柔，逻辑性强，乐于助人

笔记/NOTE

日期/DATE:___年__月__日

它叫二狗子，我的爱犬
出生于：1月1日
我的宠物小伙伴，是一条叔叔弃养的小狗
爱好：睡觉，安慰人
性格：沉稳，忠诚，喜欢陪伴小朋友

这是我的班主任王老师
生日：不详
她是我们学校的优秀班主任
爱好：读书，组织活动
性格：温柔，教学严谨，关心同学

笔记/NOTE

期/DATE:＿＿年＿月＿日

我的同学小白

生日：2015年6月18日

在胡同里长大的北京小孩儿

爱好：玩游戏，读书

性格：活泼，多动，勤奋，待人友善

我的同学秋秋

生日：2015年8月24日

他是中法混血儿，说一口流利的中文

爱好：读书，运动

性格：心思细腻，乐于助人，关心同学

笔记/NOTE

日期/DATE:___年__月__日

我的同学小崔
生日：2015年7月12日
喜欢组织同学一起出游或玩耍，运动达人
爱好：集卡，擅长多项体育运动
性格：活泼，多动，"人来疯"

我的同学诺诺
生日：2015年3月12日
老师说她是黑马选手
爱好：美食
性格：乐于助人，零食小达人

笔记/NOTE

期/DATE:＿＿年＿月＿日

我的同学兜兜

生日：2015年8月18日

德智体美劳全面发展的小帅哥儿

爱好：篮球，单簧管和跳绳

性格：自信，友善，文学才子

我的同学小冬

生日：2016年1月2日

平时不爱说话，但会语出惊人，总能带给我们惊喜

爱好：读书

性格：文静，内向

笔记/NOTE

日期/DATE:___年_月_日

我的同学小西
生日：2015年11月12日
特别"坐得住"，只要让他打上游戏，他能一坐好几个小时不挪窝儿，但是后来很有毅力，成功戒掉了"游戏瘾"
爱好：打游戏，学习
性格：热心，仗义

**笔记/NOTE**

妈妈来家长课堂了!

日期/DATE:___年_月_日

笔记/NOTE

日期/DATE:___年__月__日

大家说得非常好！

我国法律是以不满18周岁作为未成年人的标准的，这样规定是与未成年人身心发展规律和特点相适应的。

不满18周岁的人心智相对还不成熟，辨认和控制自己行为的能力较弱，因此在法律上给予一定的特殊保护。

当然，对于未成年人的年龄标准，每个国家的规定都不尽相同，主要取决于各国法律规定，很多国家都以未满18周岁作为未成年人的标准。

**《中华人民共和国未成年人保护法》**

第二条

· 本法所称未成年人是指未满十八周岁的公民。

笔记/NOTE

日期/DATE:___年__月__日

 妈妈说,《中华人民共和国民法典》还以8周岁为限,区分了限制民事行为能力人或者无民事行为能力人。

8周岁以下的未成年人为无民事行为能力人,应由其法定代理人(通常为未成年人的父母)代理实施民事法律行为。

8周岁以上的未成年人,由于已经具有一定的辨认识别能力,法律允许其独立实施一定的民事法律行为,为限制民事行为能力人。

例如:小崔可以自己拿着零花钱去买零食,但3岁的弟弟想买东西,需要由爸爸妈妈带着买。

 今天妈妈来学校给我们上了一节生动的法治宣传课,我觉得妈妈很了不起,我很自豪!

在今天的课上我们了解到,全国法治宣传日是每年的 12月4日,这天也是国家宪法日,国家会通过多种形式开展宪法宣传教育活动。

**笔记/NOTE**

# 马小律的法律日记

小律笔记

生日聚会

期/DATE:＿＿年＿月＿日

笔记/NOTE

回到家里,我向妈妈请假,说周末去参加同学生日会,妈妈让我准备好礼物。
当我说我们要去KTV庆祝的时候,妈妈严厉地反对了此事!

妈妈和我说,小朋友是不能去KTV等娱乐场所的,法律明文禁止此类行为。

你们是不能去那里的!

### 《中华人民共和国未成年人保护法》

第五十八条

· 学校、幼儿园周边不得设置营业性娱乐场所、酒吧、互联网上网服务营业场所等不适宜未成年人活动的场所。营业性歌舞娱乐场所、酒吧、互联网上网服务营业场所等不适宜未成年人活动场所的经营者,不得允许未成年人进入……

笔记/NOTE

期/DATE:＿＿年＿月＿日

笔记/NOTE

# 马小律的法律日记

## 小律笔记

日记风波

日期/DATE:___年__月__日

笔记/NOTE

期/DATE:___年__月__日

我虽然发现了这件事，但还是悄悄关上了门，不想被妈妈发现。

因为这件事，我很久都没写日记了。很多自己的想法也不能随时记录下来，让我心里很是难过。
你有什么好办法吗？

你虽然是未成年人，需要家长监护，但日记属于你的隐私，家长也不能不经你同意随意翻看！
我觉得你应该找阿姨聊聊，告诉她你的想法，和她商量以后不要再看你的日记了。她应该会尊重你的！

笔记/NOTE

日期/DATE:___年__月__日

### 《中华人民共和国未成年人保护法》

第六十三条

・任何组织或者个人不得隐匿、毁弃、非法删除未成年人的信件、日记、电子邮件或者其他网络通讯内容。

・除下列情形外，任何组织或者个人不得开拆、查阅未成年人的信件、日记、电子邮件或者其他网络通讯内容：

（一）无民事行为能力未成年人的父母或者其他监护人代未成年人开拆、查阅；

（二）因国家安全或者追查刑事犯罪依法进行检查；

（三）紧急情况下为了保护未成年人本人的人身安全。

　　诺诺妈妈没有经过诺诺同意偷看日记的行为，显然是不妥的，而且也违反了未成年人保护法的相关规定。

　　在小律的鼓励下，我和妈妈谈了日记的问题。

　　妈妈向我道歉了。她觉得我最近心情不好，想通过日记了解我发生了什么事情。最后，我们和解了，她还是我的好妈妈！

笔记/NOTE

## 马小律的法律日记

**小律笔记**

棍棒底下出孝子？

期/DATE:＿年＿月＿日

笔记/NOTE

日期/DATE:___年__月__日

爸爸总说棍棒底下出孝子，不听话就得打，不好好学习也要打。

说不管用
不打不成器
每次都不长记性

我觉得成绩不好，需要找到症结所在，打孩子是解决不了问题的。

但我们家不是，只要成绩不好，先打一顿再说，没得谈。
我真的怕回家！

笔记/NOTE

期/DATE:___年__月__日

如果你实在担心,等我妈妈下班,让她来帮你想个办法。

小白虽然成绩不好,但他父母也不应该用暴力手段进行教育。

父母或者其他监护人应当创造良好、和睦的家庭环境,依法履行对未成年人的监护职责和抚养义务。禁止对未成年人实施家庭暴力。禁止虐待未成年人。

**《中华人民共和国未成年人保护法》**

第十五条

· 未成年人的父母或者其他监护人应当学习家庭教育知识,接受家庭教育指导,创造良好、和睦、文明的家庭环境。

· 共同生活的其他成年家庭成员应当协助未成年人的父母或者其他监护人抚养、教育和保护未成年人。

笔记/NOTE

马小律的法律日记

小律笔记

家里的新成员

日期/DATE:＿＿年＿月＿日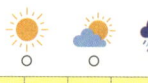

小律，你有弟弟妹妹吗？
爸爸妈妈告诉我，我们家里马上要有新成员加入，但我一点儿也不开心！

有一天，爸爸突然很开心地告诉我，我即将有个弟弟或妹妹。妈妈也很开心。他们希望我也一样开心。

自从妈妈怀孕后，爸爸每天只关心妈妈的身体情况，都不关心我，陪我玩的时间明显减少了。

笔记/NOTE

期/DATE:___年__月__日

爸爸妈妈是不是觉得我不好，所以才想再生一个呢？

小律，你有办法让爸爸妈妈和以前一样爱我吗？

你有没有和叔叔阿姨说过你现在的想法呢？

爸爸妈妈不会因为新成员的到来而减少对我们的爱，可能只是因为时间分配不得当，才让我们心理有了落差。

我不太敢跟他们说我现在的想法，我怕他们说我自私，不理解父母。

我确实能感受到诺诺的恐惧和不安。我建议她和父母说出心里真实的感受。

笔记/NOTE

日期/DATE:___年__月__日

 在小律和他妈妈的鼓励下，我和爸妈说了我现在的心情，他们说不会因为多了新成员而减少对我的爱。我很开心！

 可能是爸爸妈妈疏忽了！很抱歉。

妈妈说，父母应当学习家庭教育知识，正确履行监护职责，现在生育政策放宽，面对新成员的到来，未成年人的思想工作也不容忽视，良好的家庭环境是孩子健康成长的基础。

 **《中华人民共和国未成年人保护法》**
第十六条
· 未成年人的父母或者其他监护人应当履行下列监护职责：
……
（二）关注未成年人的生理、心理状况和情感需求；
……

笔记/NOTE

# 马小律的法律日记

**小律笔记**

# 6

文明养犬

日期/DATE:___年_月_日

今天写完作业，我带二狗子出门。备好狗绳和粪便袋，出门溜达我们都很开心。

路上偶遇警察叔叔进行文明养犬活动的检查。

请出示您的狗证，谢谢！

上次我遛狗没拴狗绳，也被罚款了。

最近检查很严，好几家没有狗证的都被罚款了。

笔记/NOTE

035

日期/DATE:___年_月_日

关于文明养犬的规定还真不少：
按规定办理养犬登记证；
出门遛犬拴绳；
定期打疫苗；
人多的场合，应给爱犬戴上嘴套；
……

文明养犬

**《中华人民共和国民法典》**
第一千二百五十一条
· 饲养动物应当遵守法律法规，尊重社会公德，不得妨碍他人生活。

中华人民共和国民法典

　　在重点管理区内，每户只准养一只犬，不得养烈性犬、大型犬。烈性犬主要分为几个大类：
　　①獒犬类；②斗犬类；③牧羊犬类；④猎犬类；⑤其他犬类，如秋田犬等。

笔记/NOTE

**烈性犬致人伤害，饲养人应该担责。**

《中华人民共和国民法典》

第一千二百四十七条

· 禁止饲养的烈性犬等危险动物造成他人损害的，动物饲养人或者管理人应当承担侵权责任。

救命啊！

**流浪狗咬人责任由谁承担？**

　　能查明有原饲养人的，由原饲养人承担。如果无法查明饲养人，要看有无安全保障义务主体。

　　如果物业公司未能采取有效措施防止流浪狗进入小区或未及时发现并处置流浪狗，导致业主或他人在小区内被咬伤，那么物业公司应当承担相应的赔偿责任。

笔记/NOTE

马小律的法律日记

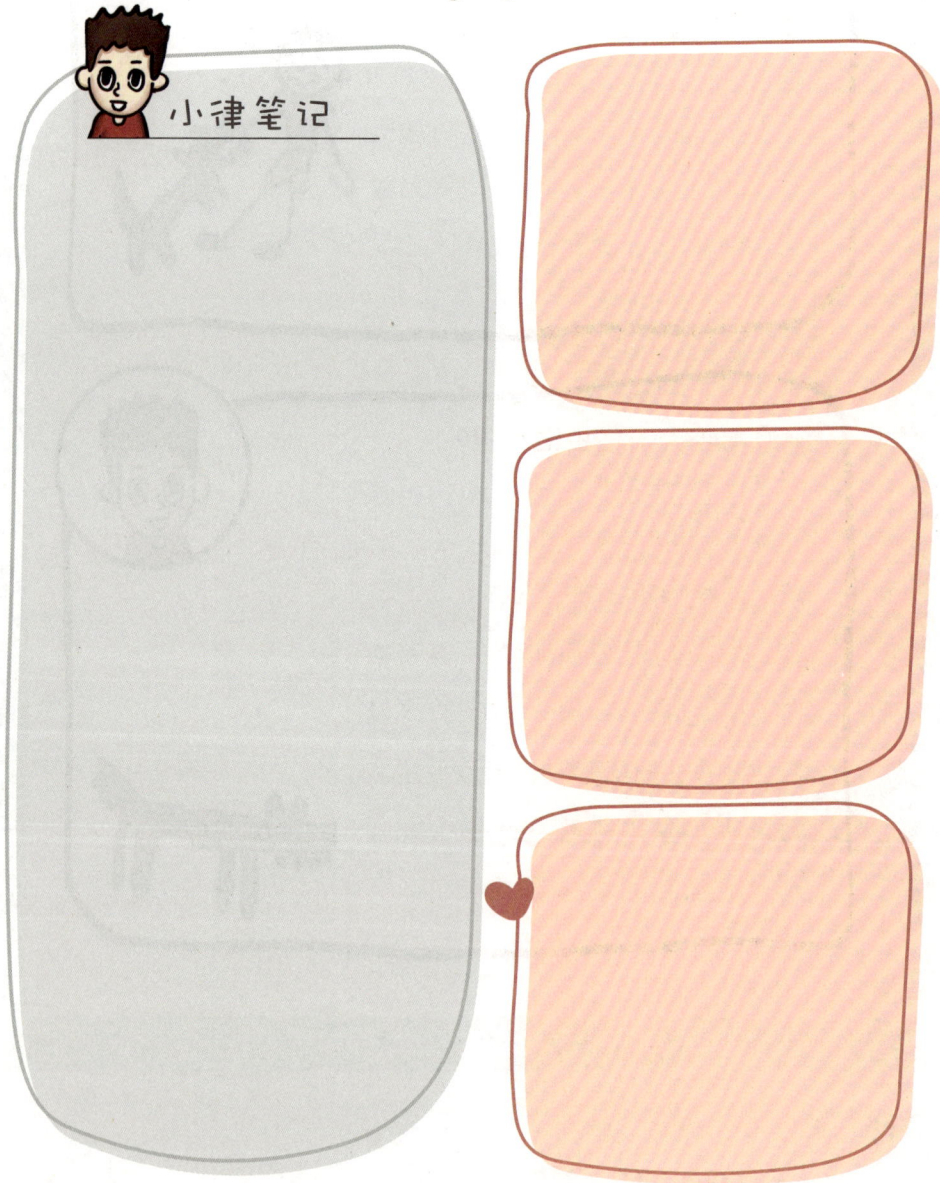

小律笔记

# 7

可怜的小多

日期/DATE:___年_月_日

这段时间小多经常请假，王老师让我和几个同学一起去看看她，结果发现……

爸爸，你能不能别喝酒了？我还需要你照顾……

小多5岁的时候，小多妈妈在一场车祸中失去了生命。

妈妈过世后，她爸爸就开始酗酒、赌博，这导致小多经常吃不上饭，饥一顿饱一顿。

昨天，爸爸又喝酒喝到认不出我是谁了。我劝他不要再喝的时候，他突然发脾气，一把把我推倒在地，我的胳膊瞬间钻心地疼。

笔记/NOTE

邻居王奶奶听到我的哭声，帮我叫了救护车。到医院以后，医生给我打了绷带，说我骨折了，并有严重营养不良。后来警察叔叔来了，把我爸爸带走了。

禁止对未成年人使用暴力。

回家以后，我把小多的遭遇告诉了妈妈。妈妈说小多爸爸的行为严重损害了小多的身心健康，不利于小多成长，不适合继续作为小多的监护人。对于小多的情况，根据民法典的规定，可以为小多更换监护人。

好好照顾孩子……

您放心……

小多在民政局工作人员的陪同下到了大姨家，过上了安稳平静的生活……

**笔记/NOTE**

《中华人民共和国未成年人保护法》

第四条

· 保护未成年人，应当坚持最有利于未成年人的原则……

第七条

· 未成年人的父母或者其他监护人依法对未成年人承担监护职责。

· 国家采取措施指导、支持、帮助和监督未成年人的父母或者其他监护人履行监护职责。

《中华人民共和国民法典》

第三十六条

· 监护人有下列情形之一的，人民法院根据有关个人或者组织的申请，撤销其监护人资格，安排必要的临时监护措施，并按照最有利于被监护人的原则依法指定监护人：

（一）实施严重损害被监护人身心健康的行为；

（二）怠于履行监护职责，或者无法履行监护职责且拒绝将监护职责部分或者全部委托给他人，导致被监护人处于危困状态；

（三）实施严重侵害被监护人合法权益的其他行为。

……

笔记/NOTE

马小律的法律日记

小律笔记

# 8

植树节

期/DATE:___年__月__日

今天是3月12日植树节,学校组织我们全年级开展了一次植树活动,这是一次非常有意义的经历。

我们早早地来到了公园,工作人员给大家详细讲解了植树的步骤和注意事项,并给大家分配了任务。

同学们有的负责挖坑,有的负责放树苗,有的负责浇水,大家干劲十足。

老师说,植树不仅能美化环境,还能减少空气污染。这是对人类长期发展非常有利的事情。

我们听了,干得更卖力了。

笔记/NOTE

日期/DATE:___年__月__日

> 我的任务是挖坑和放树苗，听园林工作人员讲解的时候，我觉得自己肯定能轻松搞定，可真到了实践，我傻了眼！植树还有这么多门道！坑不能太深，深了植物生长不方便呼吸，成活率低；太浅了，树苗容易倒伏，不能抵御恶劣天气。

> 我回家给妈妈讲了今天参加植树活动的过程和收获。
>
> 小律，你知道吗，植树节的设立具有法律依据，被明确规定在相关法律条文中。

**《中华人民共和国森林法》**

第十条

- 植树造林、保护森林，是公民应尽的义务。各级人民政府应当组织开展全民义务植树活动。
- 每年三月十二日为植树节。

笔记/NOTE

## 马小律的法律日记

**小律笔记**

# 9

垃圾分类活动

期/DATE:___年__月__日

今天我们班组织了一个关于垃圾分类的知识竞赛。
王老师出了好多题目，让我们熟悉如何进行垃圾分类。

同学们，这些垃圾应该分别扔到哪个垃圾箱里？

苹果核是厨余垃圾；
电池是有害垃圾；
镜子碎片是其他垃圾；
饮料瓶是可回收垃圾。
我积极主动地回答了老师的问题，得到了奖励。

笔记/NOTE

日期/DATE:___年__月__日

活动结束后，我得到了一枚"环保小卫士"奖章，老师还给得奖的我拍了照片留作纪念。

回家后我跟妈妈分享了今天的活动，还拿我的奖章给妈妈看。妈妈特别高兴。

垃圾分类是保护环境、节约资源的重要手段。我们不仅要积极参加这样的活动，在日常生活中也要自觉做好垃圾分类、减少垃圾产生。

笔记/NOTE

**《中华人民共和国固体废物污染环境防治法》**

第六条

· 国家推行生活垃圾分类制度。

· 生活垃圾分类坚持政府推动、全民参与、城乡统筹、因地制宜、简便易行的原则。

第十一条

· 国家机关、社会团体、企业事业单位、基层群众性自治组织和新闻媒体应当加强固体废物污染环境防治宣传教育和科学普及，增强公众固体废物污染环境防治意识。

· 学校应当开展生活垃圾分类以及其他固体废物污染环境防治知识普及和教育。

第十二条

· 各级人民政府对在固体废物污染环境防治工作以及相关的综合利用活动中做出显著成绩的单位和个人，按照国家有关规定给予表彰、奖励。

笔记/NOTE

## 马小律的法律日记

**小律笔记**

# 10

加油！魏同学

最近，老师交给我们成长小组一个特殊的任务——帮助魏同学。

我只知道她平时寡言少语，很少一起参与活动，这次我们要对她深入了解一下。

魏同学

年龄：13岁

小学四年级

性格：内向，不喜欢和同学打交道

家庭主要收入来源：政府低保

她成绩一般，因为患有基因突变引起的疾病，所以她学习能力比较薄弱，也不善于和同学们交流。

笔记/NOTE

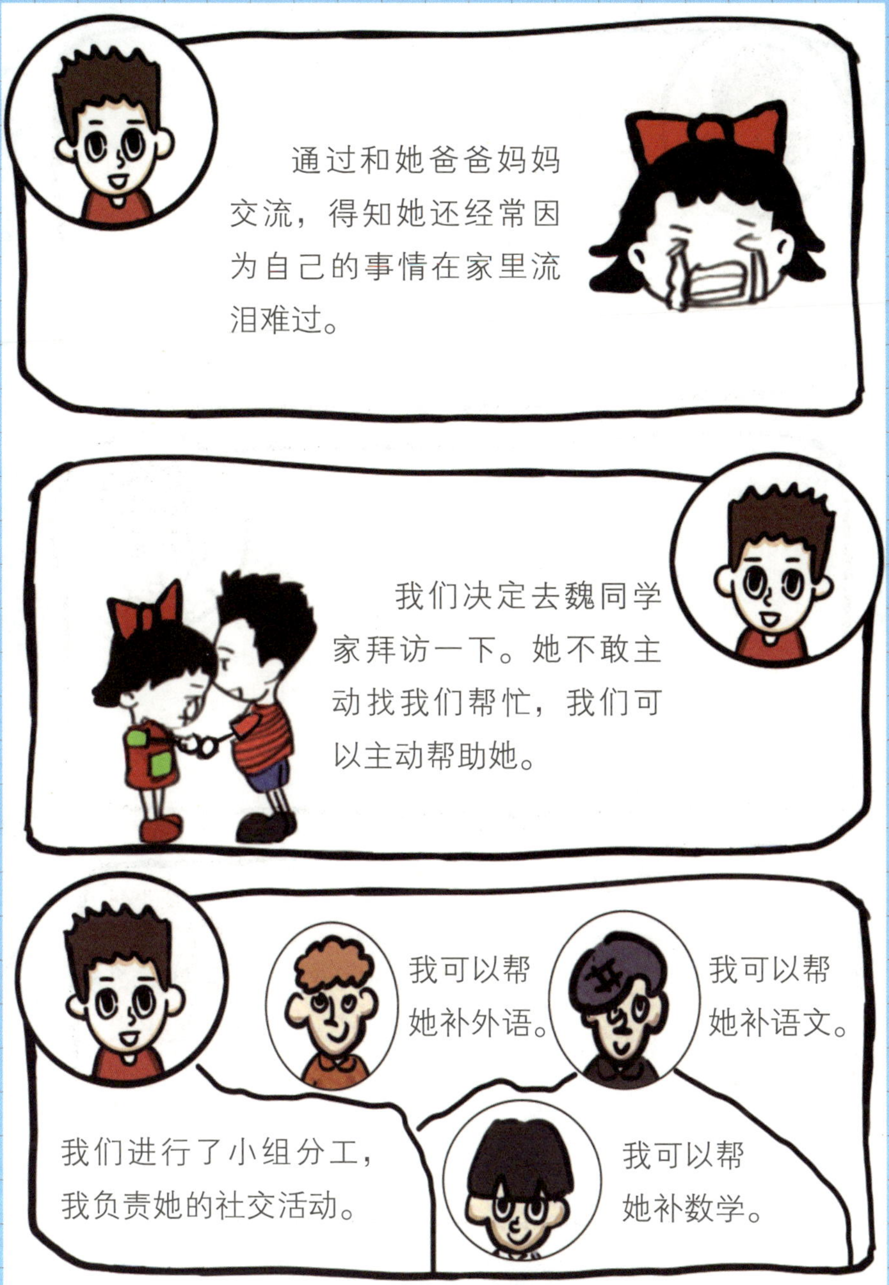

期/DATE:___年__月__日

通过和她爸爸妈妈交流，得知她还经常因为自己的事情在家里流泪难过。

我们决定去魏同学家拜访一下。她不敢主动找我们帮忙，我们可以主动帮助她。

我们进行了小组分工，我负责她的社交活动。

我可以帮她补外语。

我可以帮她补语文。

我可以帮她补数学。

笔记/NOTE

日期/DATE:___年__月__日

> 你们真是有爱心的好孩子，主动帮助患病的同学，协助她进步，融入班级的大家庭。

> 妈妈都夸我们的做法很恰当。她告诉我，每一个孩子都应该平等地受到尊重。

**《中华人民共和国未成年人保护法》**

第二十九条

- 学校应当关心、爱护未成年学生，不得因家庭、身体、心理、学习能力等情况歧视学生。对家庭困难、身心有障碍的学生，应当提供关爱；对行为异常、学习有困难的学生，应当耐心帮助。

……

笔记/NOTE

# 马小律的法律日记

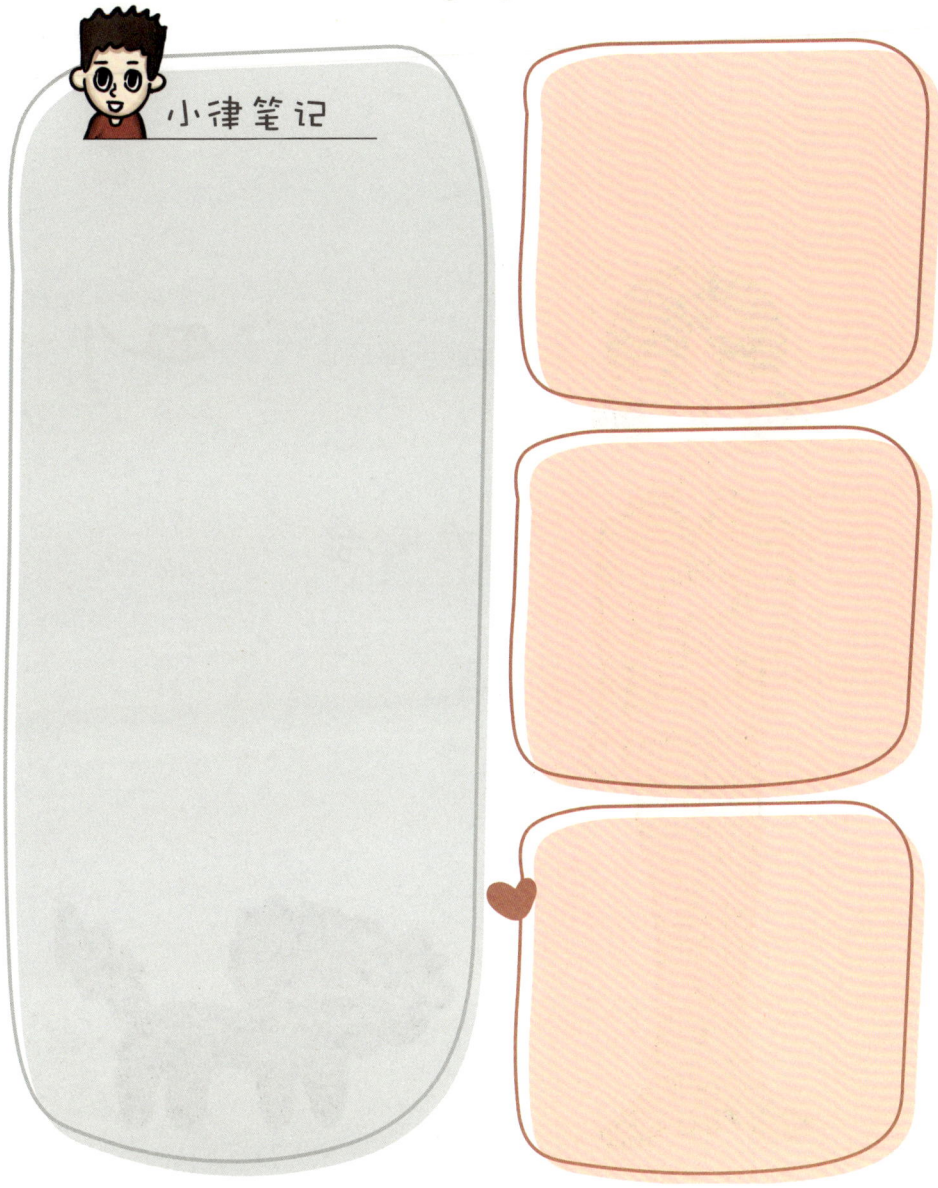

## 小律笔记

# 11

大安全

日期/DATE:___年__月__日

笔记/NOTE

日期/DATE:___年__月__日

今天，学校组织了一场有趣的全民国家安全教育日的知识讲座。王老师为我们介绍了《中华人民共和国国家安全法》的相关知识。

同学们，你们知道国家安全涉及哪些领域吗？

国土安全
文化安全
……

网络信息安全
军事安全
……

核安全
经济安全
……

笔记/NOTE

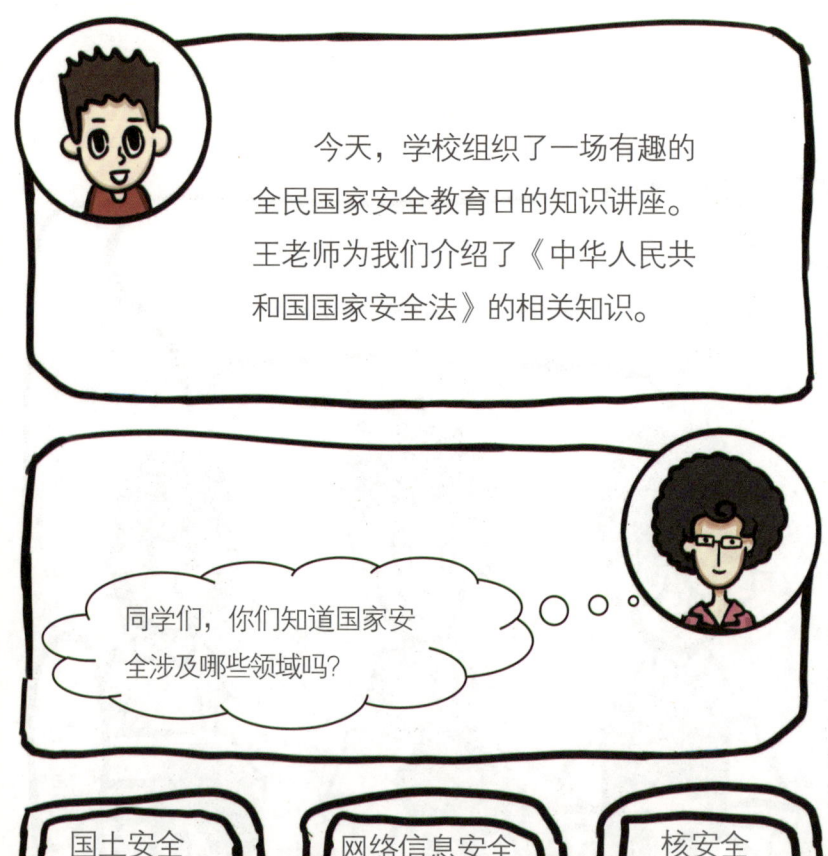

期/DATE:___年_月_日

**《中华人民共和国国家安全法》**

第二条
· 国家安全是指国家政权、主权、统一和领土完整、人民福祉、经济社会可持续发展和国家其他重大利益相对处于没有危险和不受内外威胁的状态，以及保障持续安全状态的能力。

老师还给我们分享了关于热心帮忙却被不法分子利用的案例。教我们警惕可能泄露国家机密的行为。

小心"随手拍"

警惕身边"热心人"

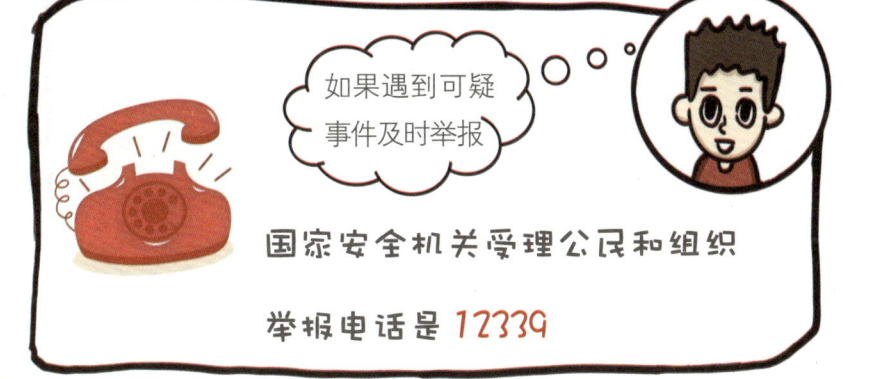

如果遇到可疑事件及时举报

国家安全机关受理公民和组织举报电话是 12339

笔记/NOTE

## 《中华人民共和国国家安全法》

第七十七条
- 公民和组织应当履行下列维护国家安全的义务：

（一）遵守宪法、法律法规关于国家安全的有关规定；

（二）及时报告危害国家安全活动的线索；

（三）如实提供所知悉的涉及危害国家安全活动的证据；

（四）为国家安全工作提供便利条件或者其他协助；

（五）向国家安全机关、公安机关和有关军事机关提供必要的支持和协助；

（六）保守所知悉的国家秘密；

（七）法律、行政法规规定的其他义务。

- 任何个人和组织不得有危害国家安全的行为，不得向危害国家安全的个人或者组织提供任何资助或者协助。

笔记/NOTE

## 马小律的法律日记

**小律笔记**

# 12

小发明家

今天是星期天，做完作业还有半天的休息时间。我就去阳台上看了看前段时间种的花，发现很多花因为疏于打理都干枯了！

辛苦啦！

爸爸妈妈工作都很忙，所以给花浇水施肥的任务就是我的了。但是，我平常学习任务也很重，就经常忘记给花浇水。

我想，如果有一组自动浇水的神奇设备就好了！这样即使没有人在家，系统也可以自动浇花。

笔记/NOTE

日期/DATE:___年__月__日

小律,你不是学过编程课嘛,可不可以试着用学到的编程知识设计一套自动浇水系统。

我觉得这着实为难我了!就我学的那点儿皮毛,怎么可能做得到!

太瞧得起我了。

你可以尝试一下!万一成功了呢?那可为咱们家解决了大问题!

妈妈鼓励我要勇于尝试,不要畏惧困难!

笔记/NOTE

DATE:＿年＿月＿日

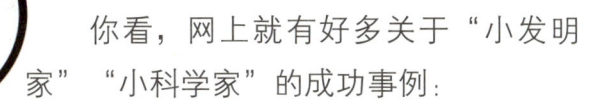

你看，网上就有好多关于"小发明家""小科学家"的成功事例：

有因为一个人去医院挂水不方便，发明了"充气颈枕输液架"；

有因为家里养的宠物猫猫毛乱飞，发明了"猫猫梳毛玩具隧道"；

还有个学生发明了可以自动浇水的新式花盆，成功出售了专利权，得到了一大笔专利费！

哇！这么厉害的吗？什么是专利权？

笔记/NOTE

日期/DATE:___年__月__日

　　专利权是知识产权的一种，它就像给创意和发明穿上了一层保护铠甲。如果你设计出了一款好用的自动浇水装置，法律会让你在一定时间内可以决定谁能制作、使用或者销售这套装置。

　　此外，如果你画了一幅超棒的画、写了一篇好作文或者拍了一个有趣的小视频，这时，作为创作者的你，就享有了著作权。著作权也是一种知识产权，它就像给创作者颁发的一张"专属证书"，证明这件作品是你原创的，别人不能随便使用。

　　知识产权鼓励我们去创造更美好的东西，同时也尊重和保护每个人的创造。

我懂了，真涨知识！未成年人也可以申请专利，还能赚钱，那可太了不起了！我要向他们学习，争取让咱家的盆栽早日用上自动浇水装置。

专利证书

笔记/NOTE

**《中华人民共和国民法典》**

第一百二十三条

· 民事主体依法享有知识产权。

· 知识产权是权利人依法就下列客体享有的专有的权利：

（一）作品；

（二）发明、实用新型、外观设计；

（三）商标；

……

**《中华人民共和国专利法》**

第二条

· 本法所称的发明创造是指发明、实用新型和外观设计。

· 发明，是指对产品、方法或者其改进所提出的新的技术方案。

· 实用新型，是指对产品的形状、构造或者其结合所提出的适于实用的新的技术方案。

· 外观设计，是指对产品的整体或者局部的形状、图案或者其结合以及色彩与形状、图案的结合所作出的富有美感并适于工业应用的新设计。

笔记/NOTE

## 《中华人民共和国著作权法》

第二条

· 中国公民、法人或者非法人组织的作品，不论是否发表，依照本法享有著作权。

……

第三条

· 本法所称的作品，是指文学、艺术和科学领域内具有独创性并能以一定形式表现的智力成果，包括：

（一）文字作品；

（二）口述作品；

（三）音乐、戏剧、曲艺、舞蹈、杂技艺术作品；

（四）美术、建筑作品；

（五）摄影作品；

（六）视听作品；

（七）工程设计图、产品设计图、地图、示意图等图形作品和模型作品；

（八）计算机软件；

（九）符合作品特征的其他智力成果。

第十一条

· 著作权属于作者，本法另有规定的除外。

· 创作作品的自然人是作者。

……

笔记/NOTE

## 马小律的法律日记

**小律笔记**

# 13

电影观后感

期/DATE:___年__月__日

今天，妈妈带我看了一场电影，故事很精彩，情节很感人，也很发人深省。

电影讲述了一对"流浪孤儿兄弟"盗窃犯的故事。某地110接到热心市民的报警电话，发现了一个疑似盗窃惯犯的窝点。

警察立即出警，在举报地点发现了电脑、手机、香烟和食品等偷来的物品。

现场勘查发现……

笔记/NOTE

日期/DATE:___年__月__日

夜间，警察开始蹲点。发现来了两个人，警察立即进行抓捕。

抓捕后发现，这两个偷东西的人竟然是两个孩子。一个披头散发的孩子17岁，另一个只有8岁。

经警方调查，两个人是没有血缘关系的兄弟，以荒野为家，靠盗窃、拾荒为生。哥哥负责偷东西，弟弟负责把偷来的东西卖掉。

笔记/NOTE

期/DATE:___年__月__日

警察询问他们是怎么认识的。

哥哥说:"这个小孩是我捡来的,我看他可怜,想到我也没有父母,就收养了他。他没干坏事,都是我做的。"

弟弟说:"哥哥是好人,他告诉我要好好学习,不要学他偷东西。有一次我偷了根火腿肠,被他狠狠骂了一顿,后面我就再也不敢偷东西了。他每天回来都给我带好吃的,让我一定要长得更高更强壮,才能不被人欺负。"

哥哥是好人……

**笔记/NOTE**

哥哥因盗窃被判处了有期徒刑。弟弟因哥哥的保护,安全地回归了家庭。虽然哥哥的行为触犯了法律,但他和弟弟的感情以及他对弟弟的教育,还是很让人感动的。

哥哥出狱后,不再流浪。热心警官帮哥哥找到了工作,使其生活步入正轨。

多年后,兄弟再次相聚。

虽然之前有"至暗"时刻,但总有希望之光照耀着。

笔记/NOTE

期/DATE:___年__月__日

看完电影，我有个疑问，电影里的哥哥偷东西是犯罪，但是他才17岁，是未成年人，为什么不受未成年人保护法保护，而被抓进监狱了呢？

### 《中华人民共和国刑法》

第十七条

- 已满十六周岁的人犯罪，应当负刑事责任。
- 已满十四周岁不满十六周岁的人，犯故意杀人、故意伤害致人重伤或者死亡、强奸、抢劫、贩卖毒品、放火、爆炸、投放危险物质罪的，应当负刑事责任。
- 已满十二周岁不满十四周岁的人，犯故意杀人、故意伤害罪，致人死亡或者以特别残忍手段致人重伤造成严重残疾，情节恶劣，经最高人民检察院核准追诉的，应当负刑事责任。
- 对依照前三款规定追究刑事责任的不满十八周岁的人，应当从轻或者减轻处罚。

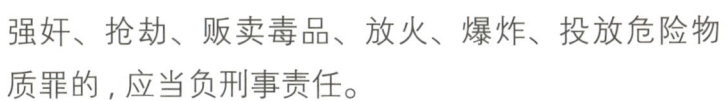

……

笔记/NOTE

# 马小律的法律日记

## 小律笔记

# 14

共同的责任

日期/DATE:___年__月__日

全社会应当树立关心、爱护未成年人的良好风尚。对于未成年人，社会上的很多机构都提供了免费的服务和保护。

爱国主义教育基地、图书馆、青少年宫、儿童活动中心、儿童之家对未成年人免费开放。

博物馆、纪念馆、科技馆、展览馆、美术馆、文化馆、社区公益性互联网上网服务场所以及影剧院、体育场馆、动物园、植物园、公园等场所，应当按照有关规定对未成年人免费或者优惠开放。

城市公共交通以及公路、铁路、水路、航空客运等应当按照有关规定对未成年人实施免费或者优惠票价。

笔记/NOTE

080

期/DATE:___年__月__日

报警电话：110。

外出如果和爸爸妈妈走失，会有警察叔叔帮我们找爸爸妈妈，并保证我们的安全！

**《中华人民共和国未成年人保护法》**

第六条

· 保护未成年人，是国家机关、武装力量、政党、人民团体、企业事业单位、社会组织、城乡基层群众性自治组织、未成年人的监护人以及其他成年人的共同责任。

· 国家、社会、学校和家庭应当教育和帮助未成年人维护自身合法权益，增强自我保护的意识和能力。

笔记/NOTE

## 马小律的法律日记

**小律笔记**

# 15

直播打赏风波

日期/DATE:＿＿年＿月＿日

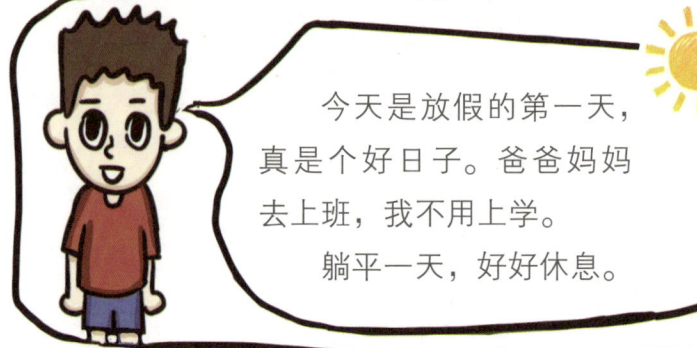

今天是放假的第一天，真是个好日子。爸爸妈妈去上班，我不用上学。躺平一天，好好休息。

妈妈对我很不放心，特地嘱咐我，她和爸爸都上班，我一个人在家，可以睡觉，可以看书、写作业、上网，但不能玩网络游戏。

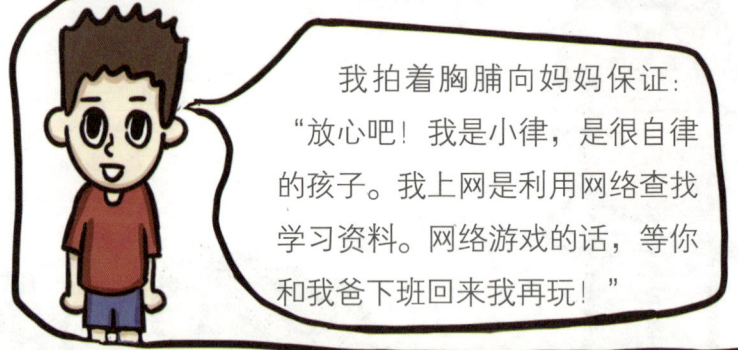

我拍着胸脯向妈妈保证："放心吧！我是小律，是很自律的孩子。我上网是利用网络查找学习资料。网络游戏的话，等你和我爸下班回来我再玩！"

**笔记/NOTE**

期/DATE:___年__月__日

妈妈很开心，相信我肯定可以说到做到，并提醒我上网也要注意网络安全，不要随便点来路不明的链接，现在网络诈骗事件频发，令人防不胜防。

下午，我正专心做着假期作业，突然接到来自同学小西的江湖救急电话……

小律，怎么办？我闯大祸了！

发生什么事了？你别急，慢慢说……

笔记/NOTE

日期/DATE:＿＿年＿月＿日

我昨天通宵打游戏，特别困。但是有个我很喜欢的游戏主播上午开直播，这我怎么能错过！

而且这个主播的操作实在是太牛了，我看着看着就忍不住想给主播打赏，表达一下我的崇拜和支持。

那你给主播打赏了多少钱？

我过年剩的压岁钱还有400块，就想把这笔钱都转了。可当时实在是太困了，输入金额的时候，多打了个"0"，一下子转出去4000块！

笔记/NOTE

期/DATE:___年__月__日

你应该有支付限额，怎么能一下子转那么多钱出去？

我用我奶奶的手机转的。这事儿要被我爸知道了，我可得掉层皮！小律，你懂法律而且点子多，快帮我想想办法，我怎么瞒着我爸妈把这个窟窿补上？

你可别给我戴高帽子，这个事情肯定瞒不了大人。

笔记/NOTE

但是呢，我之前看过和你的情况类似的案例，这笔钱应该是可以追回来的，具体等我妈妈下班，我问过她以后再给你回信。你先老老实实去认错吧！

后来小西的爸妈向平台发起了申诉，平台把这笔钱返还至小西奶奶的账户。

因为这件事，小西得到了教训，制订了学习时间表，合理安排时间，成功戒掉了"游戏瘾"。

### 《中华人民共和国民法典》

第十九条
- 八周岁以上的未成年人为限制民事行为能力人，实施民事法律行为由其法定代理人代理或者经其法定代理人同意、追认；但是，可以独立实施纯获利益的民事法律行为或者与其年龄、智力相适应的民事法律行为。

笔记/NOTE

## 马小律的法律日记

**小律笔记**

# 16

小月的抚养权

今天，我收到了小月的电话：“法院的判决下来啦，不准我爸我妈离婚！”虽然小月还是不开心，但是法院的判决终于为她这段起伏不定的生活按下了“暂停键”。
8个月前的一天，小月带着哭腔给我打来电话。
小律，我爸我妈要离婚，他们吵架的时候我偷听到，他们谁都不想要我，我该怎么办？
孩子是你生的，我不要！
孩子是跟你姓的，我也不养！

笔记/NOTE

日期/DATE:___年__月__日

如果你不养孩子，我就去法院起诉离婚！

　　那段时间，家里都是爸妈的争吵声，有时候他们吵得面红耳赤，我只能躲在房间里偷偷抹眼泪，心里特别难受。

笔记/NOTE

期/DATE:___年__月__日

> 你们拒绝履行抚养义务的行为侵害了未成年人权益，违反法律，故判决不准离婚。

　　法官不仅判决小月的爸妈不准离婚，还向他们发出了《家庭教育令》，要求小月的爸妈多关注小月的生理、心理状况和情感需求，切实履行监护责任，"依法带娃"。

笔记/NOTE

**《中华人民共和国未成年人保护法》**

第二十四条

· 未成年人的父母离婚时，应当妥善处理未成年子女的抚养、教育、探望、财产等事宜，听取有表达意愿能力未成年人的意见……

**《中华人民共和国家庭教育促进法》**

第四十九条

· 公安机关、人民检察院、人民法院在办理案件过程中，发现未成年人存在严重不良行为或者实施犯罪行为，或者未成年人的父母或者其他监护人不正确实施家庭教育侵害未成年人合法权益的，根据情况对父母或者其他监护人予以训诫，并可以责令其接受家庭教育指导。

笔记/NOTE

# 马小律的法律日记

## 小律笔记

# 17

集卡风波

日期/DATE:___年__月__日

小崔是我们班的集卡达人。

一天，我们发现文具店贴了一张"扫码领限量卡"的海报。小崔看到高兴坏了，立刻准备扫码，打开链接发现要填写很多个人信息。

我怎么觉得不靠谱啊！小崔。

小律，你放心，我有数。我常来这家店买东西！

笔记/NOTE

日期/DATE:___年__月__日

几天后……

小律，怎么办？上次那个扫码领卡活动，扫完之后有个自称客服的人加了我微信。

他让我给他转快递费后才给我快递限量卡，结果我给他转了好多笔钱，他不仅不给我卡，还威胁我，说知道我家地址，我不继续转钱，他就上门堵我……要是让我妈知道，那麻烦就大啦！

你现在麻烦已经很大了，给他转了那么多钱，不能瞒着家长了。
我们先找王老师帮忙，她一定会有好办法的。

笔记/NOTE

期/DATE:___年__月__日

后来，王老师带我们找到了学校的联络警察李警官，在他的帮助下，小崔成功要回了转账的钱。李警官还给我们传授了三个"防护技能"。

不随意扫码：免费领东西的二维码可能是"信息黑洞"，扫码前需要先问家长。

保护隐私：姓名、生日、家庭住址是非常重要的个人信息，不能告诉陌生人。

及时求助：遇到可疑情况，第一时间找老师、家长或警察帮忙。

什么是个人信息？

我们来做一个有趣的比喻：如果把我们每个人都比作一个拼图的话，那个人信息就是拼图碎片，这些碎片包括你的名字、生日、家庭地址、手机号码等。把这些碎片拼成拼图后，别人就能认出你、找到你、知道你的秘密。

如果随便把拼图给别人，可能会给你带来未知的危险。

所以务必注意保护好自己的个人信息！

笔记/NOTE

日期/DATE:___年__月__日

## 《中华人民共和国民法典》

第一千零三十二条

· 自然人享有隐私权。任何组织或者个人不得以刺探、侵扰、泄露、公开等方式侵害他人的隐私权。

· 隐私是自然人的私人生活安宁和不愿为他人知晓的私密空间、私密活动、私密信息。

第一千零三十四条

· 自然人的个人信息受法律保护。

· 个人信息是以电子或者其他方式记录的能够单独或者与其他信息结合识别特定自然人的各种信息，包括自然人的姓名、出生日期、身份证件号码、生物识别信息、住址、电话号码、电子邮箱、健康信息、行踪信息等。

· 个人信息中的私密信息，适用有关隐私权的规定；没有规定的，适用有关个人信息保护的规定。

笔记/NOTE

马小律的法律日记

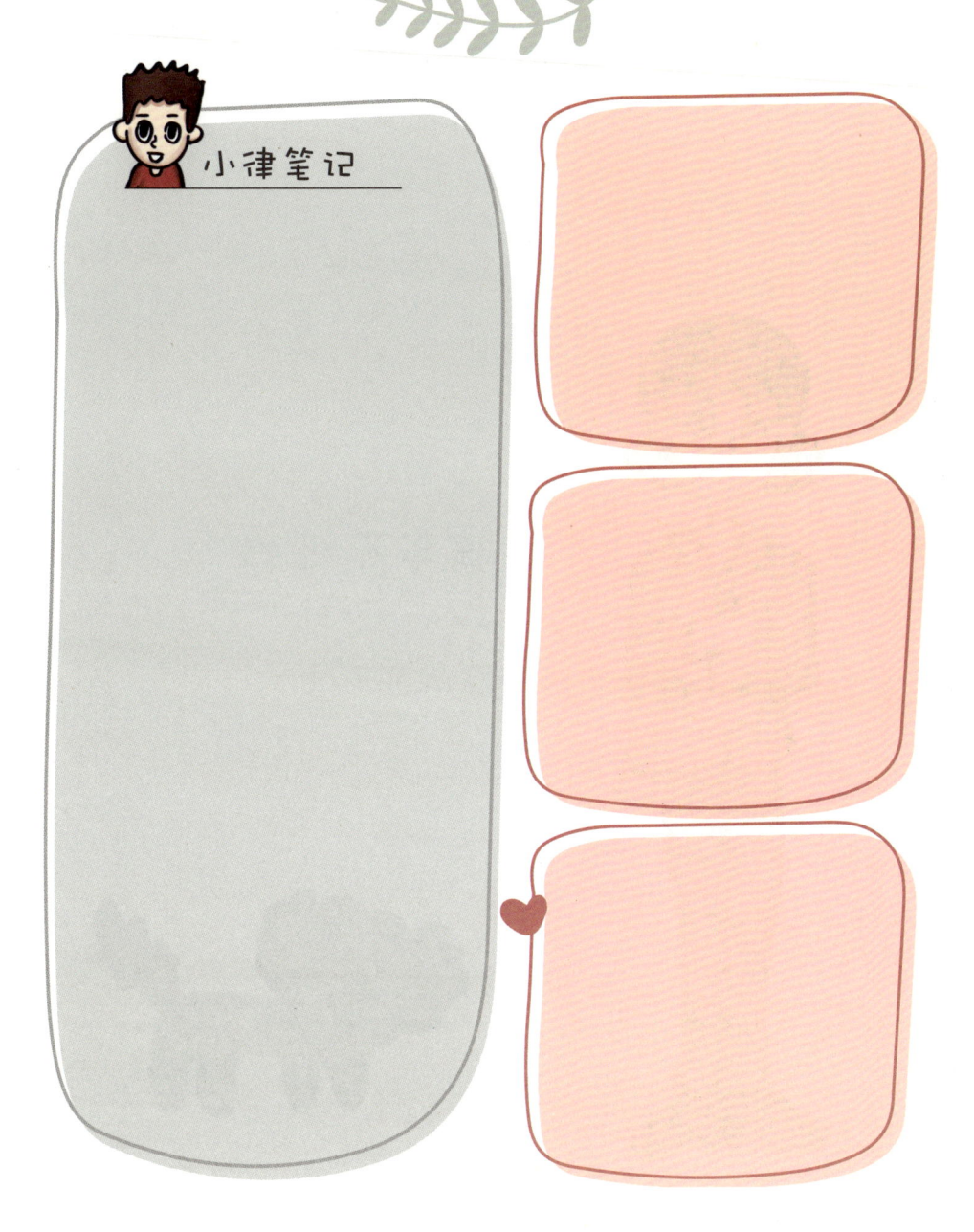

小律笔记

# 18

骑车不任性

期/DATE:＿＿年＿＿月＿＿日

我的同学小崔，最近遭遇了一场"车祸"。

我骑得可太棒了！

星期天，小崔在自己小区内练习骑自行车。但是小区路上人多，小崔觉得车速上不去，不过瘾，就决定去小区外的马路上练练手。

他顺利骑到了小区外的马路上，有点儿小得意，还哼起了歌。

笔记/NOTE

日期/DATE:___年__月__日

不料路边突然蹿出一只小狗，朝着小崔汪汪叫不停，吓了他一大跳。

他一时不知所措，下意识就喊救命，同时也控制不住自己的车把。此时，从他后方驶来一辆汽车，司机看到车骑得歪歪扭扭的小崔，按响了喇叭想提醒他注意。

救命呀！

这一声喇叭又给小崔带来了二次惊吓。小崔重重摔倒在地，疼得他哇哇大哭。幸好最后只是几处擦伤，没啥大问题。

笔记/NOTE

儿童上马路骑车的年龄规定是 12 周岁。

12+

**《中华人民共和国道路交通安全法实施条例》**

第七十二条

• 在道路上驾驶自行车、三轮车、电动自行车、残疾人机动轮椅车应当遵守下列规定：

（一）驾驶自行车、三轮车必须年满 12 周岁；

（二）驾驶电动自行车和残疾人机动轮椅车必须年满 16 周岁；

（三）不得醉酒驾驶；

（四）转弯前应当减速慢行，伸手示意，不得突然猛拐，超越前车时不得妨碍被超越的车辆行驶；

（五）不得牵引、攀扶车辆或者被其他车辆牵引，不得双手离把或者手中持物；

（六）不得扶身并行、互相追逐或者曲折竞驶；

（七）不得在道路上骑独轮自行车或者 2 人以上骑行的自行车；

（八）非下肢残疾的人不得驾驶残疾人机动轮椅车；

（九）自行车、三轮车不得加装动力装置；

（十）不得在道路上学习驾驶非机动车。

笔记/NOTE

马小律的法律日记

小律笔记

# 19

电动自行车载人事件

日期/DATE:___年__月__日

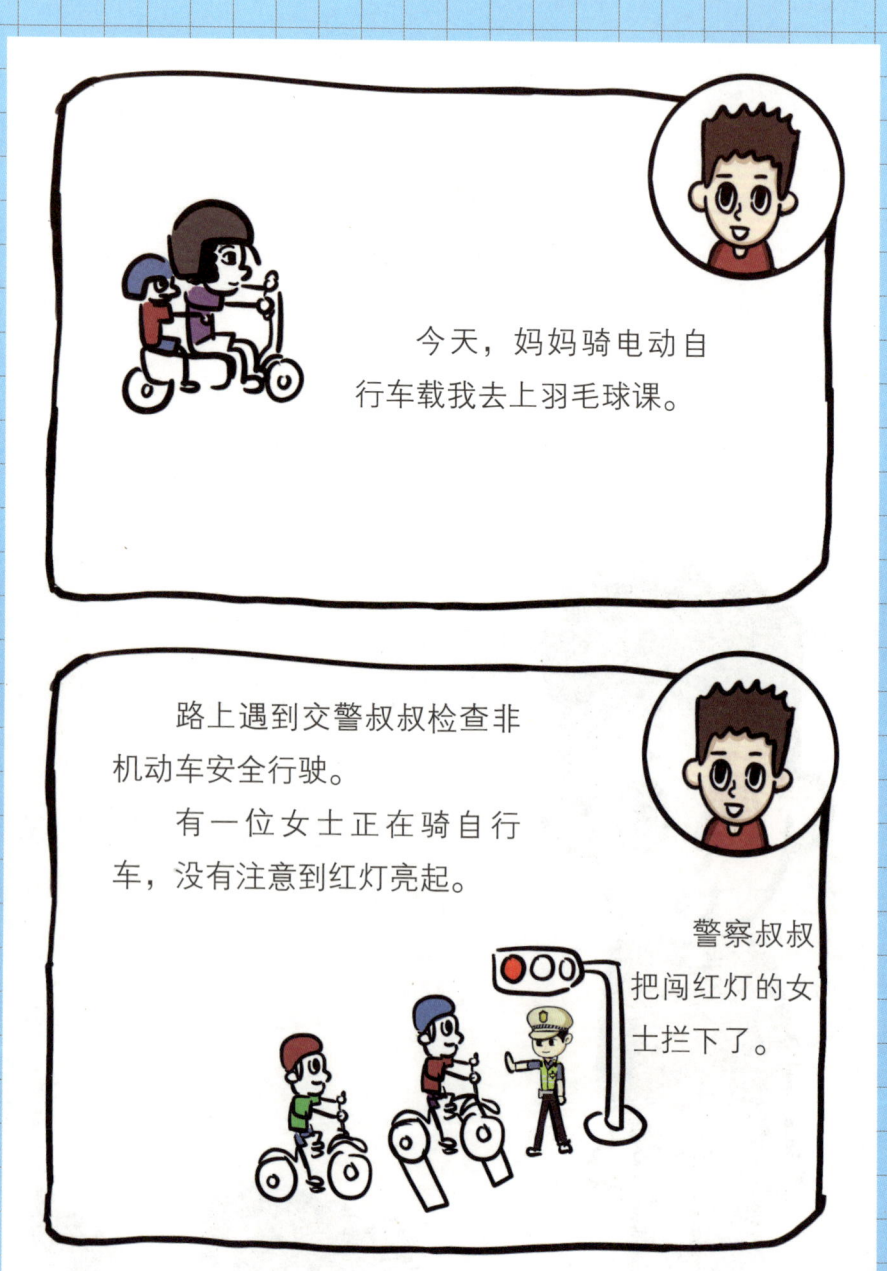

今天，妈妈骑电动自行车载我去上羽毛球课。

路上遇到交警叔叔检查非机动车安全行驶。

有一位女士正在骑自行车，没有注意到红灯亮起。

警察叔叔把闯红灯的女士拦下了。

笔记/NOTE

期/DATE:___年__月__日

随后，一个骑电动自行车带着同伴的叔叔也被交警叔叔拦下，并被开了罚单。

我产生了一个疑问，妈妈，那个叔叔骑车带人被处罚，您也用电动自行车载我，为什么没有被交警叔叔拦下呢？

这是个好问题！等你上完课，我们可以查一查相关的法律规定，找出这个问题的答案。

一到家，我就迫不及待地打开了电脑，在妈妈的指导下查找了相关法条。

笔记/NOTE

### 《中华人民共和国道路交通安全法》

第二十六条

- 交通信号灯由红灯、绿灯、黄灯组成。红灯表示禁止通行，绿灯表示准许通行，黄灯表示警示。

### 《北京市实施〈中华人民共和国道路交通安全法〉办法》

第五十五条

- 驾驶非机动车应当遵守下列规定：

……

（八）成年人驾驶自行车、电动自行车可以在固定座椅内载一名儿童，但不得载12周岁以上的人员；未成年人驾驶自行车、电动自行车不得载人；

……

（十）自行车、电动自行车、三轮车不得在人行道和人行横道上骑行。

笔记/NOTE

## 马小律的法律日记

**小律笔记**

# 20

一堂特殊的体育课

期/DATE:___年__月__日

今天,体育老师因为几个同学上课讲话,给我们上了一堂"特殊"的体育课。

你们都在操场上做平板支撑,不满15分钟不许回教室!

同学们累得汗流浃背。

同学小明实在坚持不住,累倒在地,老师才让大家休息。

笔记/NOTE

老师让大家回教室的时候，发现晕倒的小明还是没有起来。

后来，医务室老师拨打了120。

好想同学们呀！

医生让小明住院观察，这段时间不能来上学了。

学校、幼儿园、托儿所的教职员工应当尊重未成年人的人格尊严，不得对未成年人实施体罚、变相体罚或者其他侮辱人格尊严的行为。虽然体育课上做平板支撑是可以的，但老师安排的时长明显不合理，导致了小明同学需要就医治疗的后果。

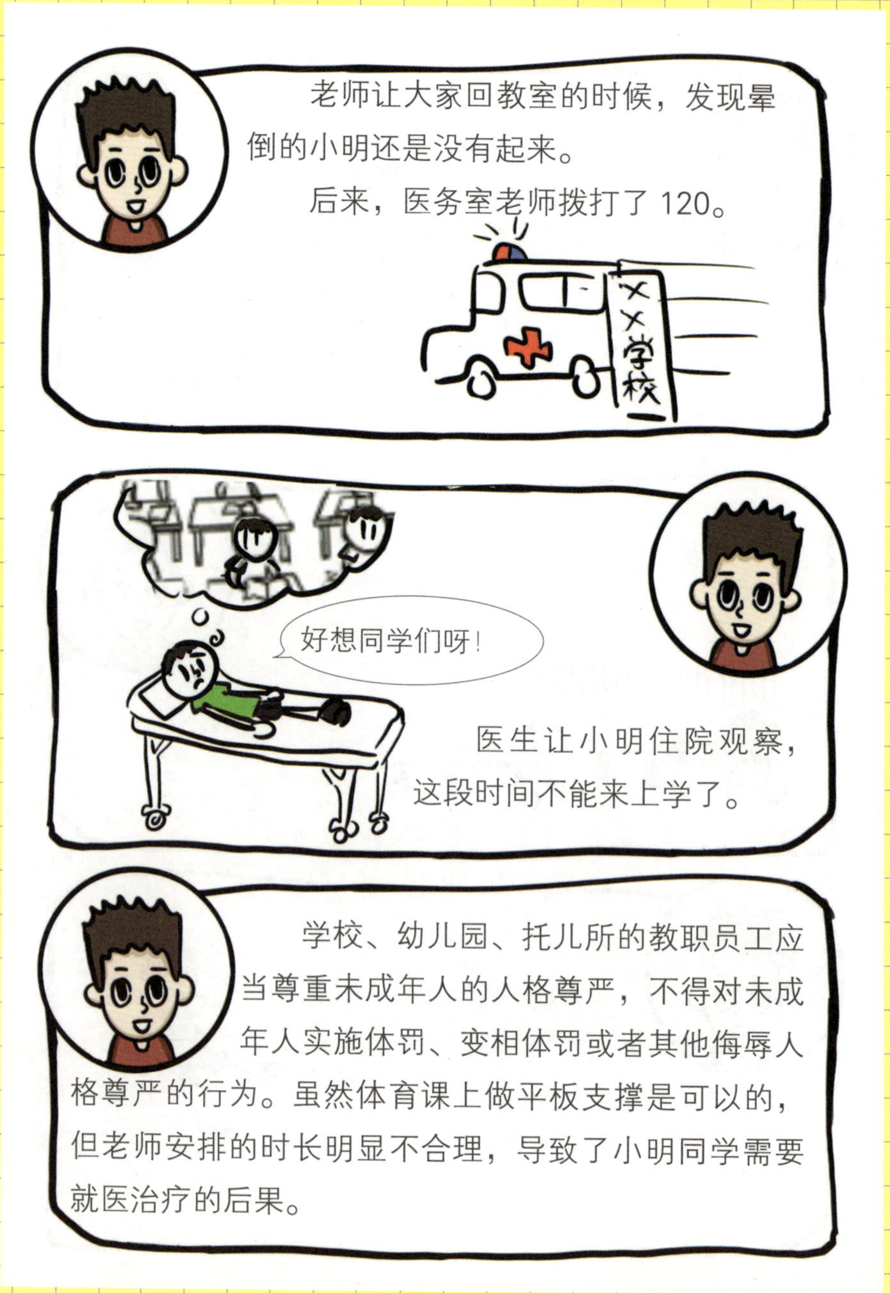

笔记/NOTE

小明因为老师安排了不合理的锻炼方式而受伤。

对于体罚和变相体罚学生的教师，学校须及时进行批评教育，帮助他们认识和改正错误，并视情节给予行政处分或者解聘。对于情节极为恶劣、构成犯罪的，将被追究刑事责任。

### 《中华人民共和国未成年人保护法》

第二十七条

· 学校、幼儿园的教职员工应当尊重未成年人人格尊严，不得对未成年人实施体罚、变相体罚或者其他侮辱人格尊严的行为。

### 《中华人民共和国教师法》

第三十七条

· 教师有下列情形之一的，由所在学校、其他教育机构或者教育行政部门给予行政处分或者解聘：

……

（二）体罚学生，经教育不改的；

（三）品行不良、侮辱学生，影响恶劣的。

……

笔记/NOTE

## 马小律的法律日记

小律笔记

# 21

给个码就能赚钱？

日期/DATE:___年__月__日

小律,你有微信吗?

有的,咱们是不是还没有互加好友?

那加上吧,方便我以后向你请教法律问题!

嘿嘿,没问题!咱们互相学习!

对了,我有个叔叔,需要多个微信账号收款,只要把我们的微信收款码借给他用,每到月底他都可以给我们一笔手续费,你借不借?

笔记/NOTE

还有这好事儿？
你叔叔是干什么的？
我们只提供二维码，别的啥也不用干，就能赚钱？

他说他是做古玩生意的，具体不太好说工作内容，反正是个大老板。好多人都把收款码给他，每月都能领到不少钱！

那我回去问问我妈再答复你哈，看看她让不让我提供二维码。

儿子，你有这个警惕心特别好！

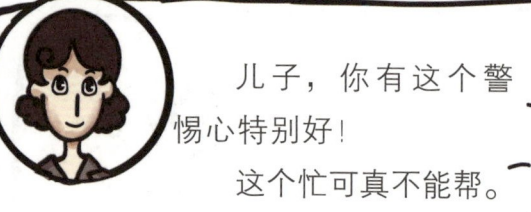

这个忙可真不能帮。

这个行为可能涉嫌违法。

最近就有案例，一些不法分子会通过借用他人的收款码进行非法的资金转移，如诈骗所得、毒品交易等非法所得。提供收款码的人无意中就成了犯罪分子的"帮凶"，千万不要轻易出借自己的付款码给别人使用！

## 《中华人民共和国刑法》

第二百八十七条之二

· 明知他人利用信息网络实施犯罪，为其犯罪提供互联网接入、服务器托管、网络存储、通讯传输等技术支持，或者提供广告推广、支付结算等帮助，情节严重的，处三年以下有期徒刑或者拘役，并处或者单处罚金。

……

**笔记/NOTE**

还好没答应帮他这个忙！看来既不能随便扫码，也不能轻易把自己的付款码给别人！

我也赶紧告诉我同学，这事给多少钱都不能干！

犯罪分子的魔爪无孔不入，在信息通信工具发展迅速的今天，要让孩子们时刻警惕。不能让犯罪分子有可乘之机。

在此提醒大家，出借或出售身份证件、银行卡、手机卡或对公账户均涉嫌违法，切莫因为贪图蝇头微利，而沦为诈骗分子的帮凶。

笔记/NOTE

马小律的法律日记

小律笔记

## 22

快递陷阱

日期/DATE:___年_月_日

这次期中考我发挥得不错，爸爸兑现承诺，要奖励我一个文具盒。

爸爸让我自己在网店里挑选心仪的款式。

哈哈！我"垂涎"遨游太空 3D 立体款的文具盒已久，终于能入手啦！我立马用爸爸的手机下单。

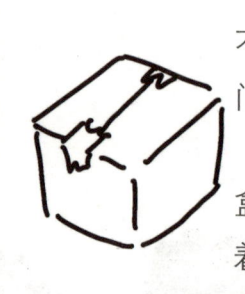

现在网购超级方便，不到两天，快递已经送上门来。

拆开快递取出文具盒后，我发现里面还夹着一张卡片。

笔记/NOTE

卡片上有个二维码，还有一行说明文字：扫码关注客服微信，好评返现20元。

"这个文具盒一共100元，如果给好评还能得20元，那不等于打八折了嘛！"

上回李警官嘱咐我们说扫码前先告诉家长，我先问问妈妈。

小律，你有这个防范意识非常棒！评价可以直接在购物页面上作出，不需要另外扫码，这种扫码刷好评的方式可能导致个人信息的泄露，千万不要因为贪图返现小便宜而掉入诈骗陷阱。对于陌生的二维码，我们应该时刻心存警惕，不扫码、不下载、不转账。

笔记/NOTE

## 《中华人民共和国个人信息保护法》

**第十条**

- 任何组织、个人不得非法收集、使用、加工、传输他人个人信息，不得非法买卖、提供或者公开他人个人信息；不得从事危害国家安全、公共利益的个人信息处理活动。

**第四十七条**

- 有下列情形之一的，个人信息处理者应当主动删除个人信息；个人信息处理者未删除的，个人有权请求删除：

（一）处理目的已实现、无法实现或者为实现处理目的不再必要；

（二）个人信息处理者停止提供产品或者服务，或者保存期限已届满；

（三）个人撤回同意；

（四）个人信息处理者违反法律、行政法规或者违反约定处理个人信息；

（五）法律、行政法规规定的其他情形。

- 法律、行政法规规定的保存期限未届满，或者删除个人信息从技术上难以实现的，个人信息处理者应当停止除存储和采取必要的安全保护措施之外的处理。

笔记/NOTE

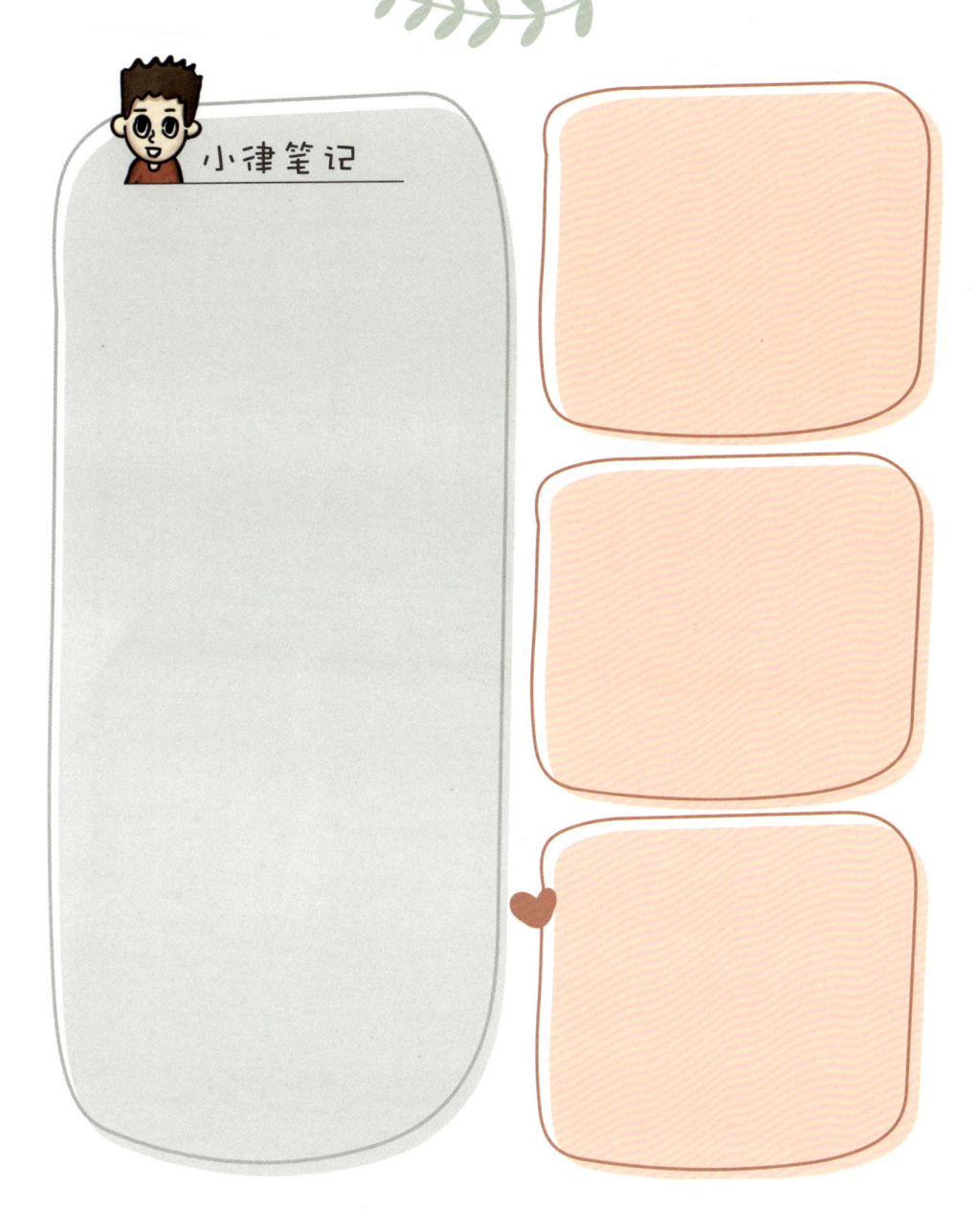

马小律的法律日记

小律笔记

图书在版编目（CIP）数据

热心肠马小律的法律日记 / 卢卡斯（北京）文化传媒有限公司绘. -- 北京 : 中国法治出版社, 2025.6.
ISBN 978-7-5216-5438-7

Ⅰ. D920.4

中国国家版本馆 CIP 数据核字第 2025US1240 号

责任编辑：朱丹颖　　　　　　　　　　　　　　　封面设计：杨鑫宇

### 热心肠马小律的法律日记
REXINCHANG MA XIAOLÜ DE FALÜ RIJI

绘者/卢卡斯（北京）文化传媒有限公司
经销/新华书店
印刷/应信印务(北京)有限公司
开本/710 毫米×1000 毫米　16 开　　　　　印张/ 8.25　字数/ 58 千
版次/2025 年 6 月第 1 版　　　　　　　　　2025 年 6 月第 1 次印刷

中国法治出版社出版

书号 ISBN 978-7-5216-5438-7　　　　　　　　定价：45.00 元

北京市西城区西便门西里甲 16 号西便门办公区
邮政编码：100053　　　　　　　　　　　　　传真：010-63141600
网址：http : //www. zgfzs. com　　　　　　　编辑部电话：010-63141667
市场营销部电话：010-63141612　　　　　　　印务部电话：010-63141606

（如有印装质量问题，请与本社印务部联系。）